# BEI GRIN MACHT SICH IHR WISSEN BEZAHLT

AF145625

- Wir veröffentlichen Ihre Hausarbeit, Bachelor- und Masterarbeit

- Ihr eigenes eBook und Buch - weltweit in allen wichtigen Shops

- Verdienen Sie an jedem Verkauf

## Jetzt bei www.GRIN.com hochladen und kostenlos publizieren

**Bibliografische Information der Deutschen Nationalbibliothek:**

Die Deutsche Bibliothek verzeichnet diese Publikation in der Deutschen National-
bibliografie; detaillierte bibliografische Daten sind im Internet über http://dnb.d-
nb.de/ abrufbar.

**Impressum:**

Copyright © 2008 GRIN Verlag, Open Publishing GmbH
Druck und Bindung: Books on Demand GmbH, Norderstedt Germany
ISBN: 978-3-668-11508-8

**Dieses Buch bei GRIN:**

http://www.grin.com/de/e-book/124180/buergerinitiative-statt-erkenntnistheorie-
ueber-die-rolle-der-wissenschaften

Pia Lamberty

# Bürgerinitiative statt Erkenntnistheorie. Über die Rolle der Wissenschaften in einer freien Gesellschaft

GRIN Verlag

**Pia Lamberty**
Philosophie sowie
Germanistische und
Allgemeine
Literaturwissenschaften (B.A.)
6. Semester

**Bürgerinitiative statt Erkenntnistheorie–**
Über die Rolle der Wissenschaften
in einer freien Gesellschaft.

Hausarbeit zur Vorlesung:

„Politische Philosophie im 20. Jahrhundert:

Liberalismus und Kommunitarismus"

*Philosophisches Institut*

*der RWTH Aachen*

Sommersemester 2008

# Inhaltsverzeichnis:

## 1. Einleitung

Beginnend bei der Frage, was beziehungsweise welche Faktoren das (moderne) Leben maßgeblich bestimmen, landet der Mensch über kurz oder lang bei einer Antwort: Beim Wissen und damit in Zusammenhang stehend den Wissenschaften. Wissen und Wissenschaft sind dabei sicher nicht synonym verwendbar. Eine Definition für den Begriff der Wissenschaft ist zugegen gewiss leichter zu finden und wird aus diesem Grunde vorangestellt. Wissenschaft – das sei hier definiert als die Tätigkeit des Erwerbs neuen Wissens durch gesicherte Methoden. Der Erwerb von neuem Wissen geschieht durch aktive, systematische Forschung in Form von Beobachtungen, Experimenten oder durch deduzierende Erkenntnis und in einem nächsten Schritt durch Lehre – zumeist in einem universitären Rahmen. Für Benoît Mandelbrot ist „das Ziel der Wissenschaft [...] es immer gewesen, die Komplexität der Welt auf simple Regeln zu reduzieren."[1] Für Francis Bacon ist „die Wissenschaft ist nichts als das Abbild der Wahrheit."[2]

Platons in der Theätet geäußerte Definition von Wissen als „wahre, gerechtfertigte Meinung"[3] ist dabei immer noch von aktueller Signifikanz. Wissen steht im Gegensatz zu bloßen Vermutungen oder Meinungen und natürlich dem Glauben. Wissen ist Macht – wusste auch schon Francis Bacon. Wissen bringt den Menschen die Herzmedikamente, Glühbirnen oder Coca Cola. Wissen ist Fortschritt. Aber sicher birgt dieser Schritt in eine Wissensgesellschaft[4] nicht nur Vorteile. Nicht nur augenscheinlich negative beziehungsweise stark umstrittene Entwicklungen wie die Atombombe, die Genforschung oder die Globalisierung sind dabei zu nennen – die Kritik geht viel weiter. Die Philosophie des 20. Jahrhunderts ist somit vor neue Aufgaben gestellt. Sie ist die Wissenschaft des Möglichen und muss sich neben der Beschäftigung mit Vernunftskritierien auf neuzeitliche Entwicklungen einlassen und moralische Bewertungsmaßstäbe finden. In diesem Zusammenhang tritt gerade ein neuzeitlicher Denker hervor: Paul Feyerabend.

Paul Karl Feyerabend – geboren am 13. Januar in Wien, gestorben am 11. Februar 1994 in der Schweiz – erlangte vor allem durch seine provokanten Thesen des wissenschaftstheoretischen Anarchismus Bekanntheit. „Lange Zeit hat es im Wissenschaftsbetrieb und in der akademischen Philosophie als unfein gegolten sich auf Paul Feyerabend zu beziehen oder gar zu berufen. In weiten Kreisen ist es auch heute

---

[1] Benoît Mandelbrot
[2] Francis Bacon: Novum organum scientiarum. 1620
[3] Platon: Theätet. 201d-206b
[4] Falls man in diesem Fall überhaupt von einer Entwicklung sprechen kann und es sich nicht vielmehr um einen festen Bestandteil des Menschseins handelt – der Motor sich im Laufe der Evolution zu einem vernunftbegabten Wesen zu entwickeln

noch so [...]".[5] Trotz der vielschichtigen Kritiken und der oftmals vorhanden Unterschätzungen dieses neuzeitlichen Denkers, gibt es besonders einen Ruf, dem man Beachtung schenken sollte: „Bürgerinitiative statt Erkenntnistheorie".[6] Feyerabends Forderung, die Bürger einer (demokratischen) Gesellschaft aktiv in den Staat als Kontrollorgan der Wissenschaften mit einzubeziehen gehört sicher zu den provokantesten Thesen der Neuzeit – gerade unter dem Anspruch, dass die Kritisierten aus seinen eigenen Reihen stammen.

In dieser Hausarbeit soll der Appell des hauptsächlichen Widersachers der etablierten wissenschaftsphilosophischen Auffassungen aus dem Werk „Erkenntnis für freie Menschen" genauer beleuchtet werden. Es wird angestrebt, den wissenschaftlichen Kosmos, in dem sich Feyerabend bewegt, einzugrenzen und seine teils befremdlich wirkenden Thesen *auf den Boden der Tatsachen* zu bringen. Handelt es sich bei Feyerabends provokativen Forderungen um leere Worthülsen oder findet sich ein gesichertes Fundament? Wie definiert Feyerabend den Begriff der Wissenschaft? Da es sich unter anderem um eine Kritik an der Methodik der Wissenschaften handelt: Wie benutzt Feyerabend die Sprache? Formuliert er wissenschaftlich und stellt sich damit auf eine Ebene mit seinen ‚Gegnern' oder grenzt er sich auch sprachlich von dem üblichen Gegebenheiten wissenschaftlicher Publikationen ab? Wie behandelt er den Faktor der Tradition? Geht es hier um bloße Polemik oder wie sieht Feyerabend die Möglichkeiten der praktischen Umsetzbarkeit seiner Forderungen?

Neben dem Bezug auf direkte Reaktionen anderer zeitgenössischer Philosophen liegt das Augenmerk in der Arbeit auf einer Kritik der Thesen und Ideen Feyerabends in Form einer sehr eigenständigen Beschäftigung mit Feyerabends Wissenschaftskonzeption auf sprachlicher Ebene bestehen.

## 2. Wissenschaft für freie Menschen oder Paul Feyerabends Sicht der Dinge

### a. Skizze der Wissenschaftsauffassung Feyerabends

Beginnend mit einer gemäßigten Meinung zu Auftakt seiner Laufbahn als Wissenschaftstheoretiker, wo Feyerabend noch stark von Karl Poppers Ansichten geprägt die Ansichten des kritischen Rationalismus vertrat, radikalisierte sich seine Meinung um 1968 hin zu einem wissenschaftstheoretischen Anarchismus.

Feyerabend wurde zu einem bekennenden Kritiker des Rationalismus und verdammte vor allem die bestehenden Paradigmen der Wissenschaftstheorie. Vernunftkritierien wurden für Feyerabend nur noch zur Wahlmöglichkeit – sein Leitspruch „anything goes". Dieser Leitspruch, dessen Begrifflichkeit aus dem gleichnamigen Musical aus dem Jahre

---

[5] Döring, Eberhard: Paul K. Feyerabend zur Einführung. Hamburg, 1998. S. 7f
[6] EffM (1980); S. 37

1934[7] stammt, bedeutet für Feyerabend die Wendung gegen die Gründung unserer „Beurteilung auf akzeptierte Maßstäbe"[8]. Das Argument seiner anarchistischen Wissenschaftskonzeption aus den Werken *Wider dem Methodenzwang* und *Erkenntnis für freie Menschen* richtet sich dabei maßgeblich gegen den Wiener Kreis, den logischen Positivismus wie den kritischen Rationalismus. Durch den im deutschen mit „Mach, was du willst" übersetzen Leitspruch versucht Feyerabend die historischen Abläufe und damit den Motor wissenschaftlicher Veränderungen zu charakterisieren. Nur durch das Verlassen von bestehenden Normen kann die Wissenschaft Fortschritte erzielen. Sein bekanntestes Beispiel dafür ist Galileo Galilei, da dieser trotz eines abgebrochenen Studiums und denkbar schlechter äußerer Einflüsse Bahn brechende Entdeckungen zu verbuchen hatte. Zum Erkenntnisgewinn ist Kreativität und der Glaube an die eigene Intuition ein wichtiger Fortschritt, der im Laufe der Wissenschaftsgeschichte oftmals in irrationaler Weise auszumerzen versucht wurde. Nur „anything goes" behindert nicht den Fortschritt in den Wissenschaften durch starre Dogmen und Methoden und ist daher durch den damit entstehenden Methodenpluralismus für Feyerabend die einzig allgemeingültige Regel für Zulässiges und Unerlaubtes in den Wissenschaften. Feyerabend revoltierte gegen den Dogmatismus und gegen die Elitegedanken der Wissenschaften. Wissenschaft war für Feyerabend nur eine Möglichkeit von vielen. „Erfolgreiche Ärzte ohne Theorie werden oft von ‚wissenschaftlichen' Ärzten als Scharlatane abgetan, verfolgt, und am Praktizieren gehindert.", so Feyerabend. „Die Homöopathie ist ein Beispiel."[9] So sollte seiner Meinung nach nicht nur die Homöopathie, sondern auch die Astrologie, religiöse Gedanken und andere als ‚unwissenschaftlich' geltende, in den jeweiligen Traditionen der Menschen fest verankerte Erkenntnisse ernst genommen und beispielsweise in den Lehrplan der Schulen eingegliedert werden.[10]

So kommt Feyerabend zu genau dem Schluss, „nicht rationalistische Maßstäbe, nicht religiöse Überzeugungen, nicht humane Regungen, sondern Bürgerinitiativen sind das Filter, das brauchbare von unbrauchbaren Ideen und Maßnahmen trennt."[11] Die umreißende Trennung von Staat und Wissenschaft gehört damit zu einer der stärksten Forderungen Feyerabends mit dem Ziel der aktiven Teilhabe der Bürger an den Geschehnissen ihrer Gesellschaft und einer subalterneren Autorität der Wissenschaften.

---

[7] Das Bühnenwerk als eines der ersten Broadway-Musicals mit Text und Musik von Cole Porter, uraufgeführt 1934 in New York, handelt von verstrickten Beziehungen, falschen Identitäten und einer Liebesgeschichte mit Standesunterschieden.
[8] EffM (1980); S. 97
[9] EffM (1980); S. 27
[10] Vgl. dazu EffM (1980); S. 119 „Die Abstammungslehre, zum Beispiel, wird an vielen Schulen als eine Tatsache vorgetragen, d.h. genauso, wie früher die Lehre des Genesis. Nicht Wissenschaftstheoretiker, die sich ja bei ihrem Ansehen bei den Wissenschaftlern große Sorgen machen, sondern Bürgerinitiativen haben in Kalifornien weniger dogmatische Forderungen durchgesetzt."
[11] EffM (1980); S. 77

### b. Die Rolle der Traditionen in Bezug auf die Wissenschaftsgeschichte

Die Herleitung der Thesen zur Rolle der Wissenschaften bei Paul Feyerabend funktioniert über die Traditionen. Alles menschliche Denken und Handeln wird von Traditionen bestimmt. Traditionen, die immer Menschenwerke sind, haben nach Feyerabend eine wichtige Rolle. Sie bestimmen, in welcher Art und Weise Wissenschaft *passiert*. Die eigene Tradition steckt die Arbeitsweisen beziehungsweise den Umgang mit eben der Wissenschaftskunde ab.

Paul Feyerabend geht davon aus, dass ein Bürger in einer freien Gesellschaft immer genau die Maßstäbe der Tradition verwendet, der er verbunden ist.[12] „Natürlich brauchen alle diese Gruppen[13] *Kenntnisse*, um ihre Maßstäbe richtig einsetzen zu können – aber die ‚epistemischen Kriterien', die entscheiden, was als Wissen gilt und was nicht, sind die der Tradition und nicht die von Außenseitern"[14] Genau in diesem Punkt sieht Feyerabend den kritischen Punkt: Durch den „Elitismus der Wissenschaft"[15] ist der Mensch, gerade dann, wenn er einer Randgruppe angehört, gezwungen die eigene Identität, Kultur und Tradition zu verleugnen, aufzugeben oder anzupassen, will er Mitglied eben dieser Elite werden. Es ist die „Tradition des weißen Mannes"[16], der es sich nachzukommen gilt, um die Möglichkeit zu bekommen, einen Zugang zu den Wissenschaften zu erlangen.[17] Trotz der Tatsache, dass die Wissenschaft weiß und männlich definiert ist finden wissenschaftliche Durchbrüche beziehungsweise Revolutionen meist außerhalb dieser Einheit statt.

Traditionen sind dabei nicht nur in Bezug auf vergangenes zu verstehen. Feyerabend beschreibt auch *neue Traditionen*[18], ähnlich wie ein Künstler, der ein neues Werk kreiert, neue Weltbilder schaffen können. Traditionen stehen immer in Wechselwirkung[19] zueinander – sie können nie nur für sich alleine betrachtet werden. Traditionen können in diesem Zusammenhang aus zwei Blickwinkeln betrachtet werden: Aus der Rolle des Beobachters und aus der des Teilnehmers: Während der Beobachter von außen an die Traditionen herantritt und vor allem an der Struktur und der Veränderung von Traditionen auch auf historischer Ebene interessiert ist[20], betrachtet der Teilnehmer Traditionen von

---

[12] Vgl. EffM (1980); S.12f
[13] Hopi-Indianer, Mitglieder einer fundamentalistischen Sekte, Juden oder Homosexuelle sind die beispielhaften Gruppen
[14] EffM (1980); S. 13
[15] EffM (1980); S. 16
[16] EffM (1980); S. 16
[17] Als Beispiel führt Feyerabend die Medizin und ihre verschiedenen Disziplinen an. Vgl. EffM (1980); S. 13ff und 21ff
[18] Vgl. EffM (1980); S. 47f (Anmerkung 15)
[19] Nicht nur Traditionen stehen in Wechselwirkung zueinander – es besteht auch die Möglichkeit, dass bestimmte Gebiete Traditionen beeinflussen, ohne selber eine Tradition zu sein. Vgl. EffM (1980); S. 48f
[20] Beobachterfrage: Was ist? Was geschieht?

innen heraus. [21] Es kommen Fragen auf, „ die der Teilnehmer einer Tradition an eine mit ihr in Wechselwirkung stehende Tradition stellt. Die Wechselwirkung wird jetzt parteilich beschrieben und zwar aufgrund der in der Tradition dieser Partei gültigen Prinzipien."[22] Genauso wie viele andere menschliche Konstrukte ist auch die Vernunft (beziehungsweise der Rationalismus) eine bloße Tradition: Hier sieht man eine von vielen Möglichkeiten des Denkens oder Handelns – und nicht den einzig vorhandenen Weg. In der unseren, westlichen Tradition steht die Vernunft oft im absoluten Gegensatz zur Anwendung – Feyerabend kann diese Gegensätzlichkeit jedoch nicht erkennen: „der Gegensatz zwischen Vernunft und Praxis oder Vernunft und Tradition oder Rationalität und ‚Geschichte' ist nicht ein Gegensatz zwischen qualitativ verschiedenen Instanzen – etwa einem zufällig gewachsenen historischen Material auf der einen Seite und bewusst konstruierten Formen des Denkens auf der anderen -, sondern zwischen Traditionen, die allerdings verschieden betrachtete und verschieden eingesetzt werden."[23] So kommt Feyerabend zu der Unterteilung zwischen abstrakten und historischen Traditionstypen. Abstrakte Traditionen sind der Vernunft unterwiesen und haben eine stark logische Komponente mit reproduzierbaren formalen Gesichtspunkten. Die historische Tradition ist an der Praxis orientiert und folgt den Gesetzen eben dieser praktischen Ausübungen. Trotz dieser Einteilung findet man in beiden Traditionsweisen Aspekte der jeweilig anderen. Nur durch die historische Komponente der abstrakten Tradition bietet sich die Möglichkeit beispielsweise in der Mathematik neue Regelwerke einzuführen. Traditionen können ebenso sowohl dogmatisch[24] als auch opportunistisch sein. Feyerabend zieht die opportunistische Variante, da die Menschen hier bereit sind eigene Werte zu ändern und fremde zu akzeptieren, vor: „Kluge Menschen halten sich nicht an Maßstäbe, Regeln Methoden, auch nicht an ‚rationale' Methoden, sie sind Opportunisten."[25] Feyerabend sieht zwei Möglichkeiten, Traditionen zu kritisieren: im antizipierenden und im konservativen Verfahren. „Eine antizipierende Kritik hört sich immer etwas seltsam an und Konservative haben es leicht, ihre Absurdität nachzuweisen. Der Erfolg rationalistischer Argumente beruht auf diesem Umstand."[26] Die konservative Kritik genügt (im Gegensatz zur antizipierenden Kritik) bestehenden Maßstäben und ist bereits sowohl gesichert als auch begründet. Die Wunschvorstellung von Feyerabend basiert auf der Idee die Wissenschaft als Institution durch die Bürger ihrer Gesellschaft kontrollieren zu lassen. Bildlich sieht dieser Idealzustand wie folgt aus:

---

[21] Vgl. EffM (1980); S. 41
[22] EffM (1980); S. 41
[23] EffM (1980); S. 39
[24] Ein Mensch mit einer dogmatischen Sichtweise hinsichtlich seiner Tradition ändert sein Weltbild nicht, sondern passt die übrige Welt an das eigene, starre Bild an. Vgl. EffM (1980); S.136ff
[25] EffM (1980); S.9
[26] EffM (1980); S.47 (Vgl. Anmerkung 15)

„Die Wissenschaften sind […] Produkte, die der Wissenschaftler zum Verkauf anbietet, und die Bürger entscheiden, ihren Traditionen gemäß, was gekauft wird, und was man liegen lässt."[27]

### c. Die Wissenschaft und ihr Verhältnis zur Gesellschaft

" Die Bundesrepublik Deutschland ist ein demokratischer und sozialer Bundesstaat.
Alle Staatsgewalt geht vom Volke aus."
Artikel 20.1 und 2a Grundgesetz der Bundesrepublik Deutschland

Wissenschaft und Demokratie stehen für Feyerabend aktuell und in dem größten Teil der Vergangenheit in einem ungünstigen Verhältnis. In einer Demokratie wird von der Freiheit und Gleichheit[28] aller Bürger ausgegangen.[29] Der Wille des Staates wird durch direkte oder indirekte Wahlen abgeleitet vom Willen des Volkes. Da beispielsweise nach Artikel 8.1 des deutschen Grundgesetzes[30] alle Deutschen das Recht haben, sich ohne Anmeldung oder Erlaubnis friedlich und ohne Waffen zu versammeln gehören auch Bürgerinitiativen zu den Rechten der Bürger innerhalb eines demokratischen Systems. Bürgerinitiativen werden aus der Gemeinschaft gebildet, da diese (aktuelle) Gegebenheiten nicht akzeptieren kann und will. Die Gründe[31] für diese Art der Selbsthilfe können vielschichtig sein und beeinflussen im besten Fall die öffentliche Wahrnehmung und darüber die politisch, gesellschaftlichen oder sozialen Entwicklungen innerhalb dieser Gesellschaft. Bürgerinitiativen als basisdemokratische Systeme in Abgrenzung zu Parteien oder Interessenverbänden agieren meist in Form von Ein-Punkt-Organisationen, das bedeutet sie verfolgen genau ein bestimmtes Ziel innerhalb eines eingegrenzten Themengebietes. Die Methoden, die zum Erreichen des gesetzten Ziels verwendet werden, sind meist Unterschriftenlisten sowie Petitionen oder Demonstrationen.

Paul Feyerabend geht davon aus, dass in einer freien Gesellschaft die privaten wie öffentlichen Belange der Gruppe von Bürgern (z.B durch Wahlen oder Vereine) gelenkt und bestimmt werden – und nicht von „Spezialisten"[32]. Nach Feyerabend ist eine freie Gesellschaft „eine Versammlung reifer Menschen und nicht eine Herde von Schafen, geleitet von einer kleinen Gruppe von Besserwissern."[33]Zwar besteht die Möglichkeit, die Meinungen, Ansichten und Forschungsergebnisse der Wissenschaftler in den Prozess

---

[27] EffM (1980); S.17
[28] Vergleiche dazu: Grundgesetz Artikel 3.1 „Alle Menschen sind vor dem Gesetz gleich."
[29] Vergleiche dazu: Grundgesetz Artikel 2.2 „ Jeder hat das Recht auf Leben und körperliche Unversehrtheit. Die Freiheit der Person ist unverletzlich. In diese Rechte darf nur auf Grund eines Gesetzes eingegriffen werden."
[30] Auch andere demokratische Systeme folgen diesem System.
[31] Beispiele für Bürgerinitiativen sind: Schutzgemeinschaft Deutscher Wald (SDW) oder diverse Gruppen in den 1970er Jahren
[32] EffM (1980); S. 36
[33] EffM (1980); S. 168

der Meinungsbildung mit einzubeziehen, die Bewertung dieser Vorschläge liegt aber weiterhin immer in der Hand des Bürgers. Da aber dieser Idealzustand durch die Auslegung westlicher Gesellschaften auf die Zerstörung nichtwissenschaftlicher Traditionen nicht erreicht worden ist und stattdessen die Wissenschaften aufgrund der im Laufe der Zeit entstandenen Überlegenheit von Theorie auf universitärer Ebene die Autorität besitzen, fordert Paul Feyerabend in seinem Werk *Erkenntnis für freie Menschen* „Bürgerinitiativen statt Erkenntnistheorie"[34] mit der Folge einer „Subjektivierung der Politik"[35]. Die Wissenschaften haben im Laufen einer historischen Entwicklung, denn sie waren einmal „eine von vielen Ideologien und keinesfalls die stärkste"[36], die Lenkung des Systems Staat übernommen. „Die moderne Gesellschaft ist eine ‚kopernikanische' Gesellschaft nicht darum, weil Kopernikus zur Abstimmung vorgelegt und mit Stimmenmehrheit akzeptiert wurde, sondern weil die Wissenschaftler Kopernikaner sind und weil man ihr Urteil in Fragen des Weltenbaus heute ebenso kritiklos hinnimmt, wie früher das Urteil von Bischöfen und Kardinälen."[37]

Diese Verschmelzung von Staat und Wissenschaft führt dazu, dass diese beispielsweise den Lehrplan in den Schulen bestimmen. Gelehrt werden nur wissenschaftlich anerkannte Disziplinen – wissenschaftliche Grenzgebiete oder irrational anmutende Themen wie Mystik, Astrologie oder Abstammungslehre [38]dagegen gänzlich gestrichen. Auch wenn das Prinzip der freien Meinungsäußerung gilt, bleibt dieser Zustand dennoch zu kritisieren: Feyerabend benutzt zur Erklärung das Beispiel der Religionsfreiheit. Auch wenn die Mitglieder einer Gesellschaft ihre Religion frei wählen dürfen, können innerhalb dieser Gesellschaft eklatante Mängel bezüglich der Umsetzung der Religionsfreiheit herrschen[39] – dies ist der Fall wenn in den Schulen durch Anordnung des Staates nur eine Religion gelehrt werden darf oder eine bestimmte Religion Bedingung für die Besetzung einer Stelle in einer staatlichen Institution ist. „Geburt, Erziehung, Seelsorge, Heilung – alles ist heute in den Händen der Wissenschaften, und sinkt der müde Bürger schließlich in sein wohlverdientes Grab, dann sorgt die Grabeswissenschaft dafür, daß auch dieses Ereignis nach streng wissenschaftlichen Prinzipien abläuft."[40] Die Wissenschaft erlangt damit unhinterfragt und mit Absolutheitsanspruch den Status Quo.

In einer freien Gesellschaft dagegen wären Staat und Wissenschaft getrennt. Durch die von Feyerabend beschriebene Unterdrückung anderer Traditionen und die damit verbundene Sonderstellung der Wissenschaften entsteht in Bezug auf Sicherung von

---

[34] EffM (1980); S. 37
[35] EffM (1980); S. 163
[36] EffM (1980); S. 121
[37] EffM (1980); S. 121
[38] Evolution als Tatsachenbericht gehört in jeder Schule zum Lehrplan – kreationistische Ideen werden in den Schulen nicht behandelt oder nur als unglaubwürdig dargestellt, kritisiert Feyerabend.
[39] Aktuelles Beispiel hierzu ist der Umgang der chinesischen Regierung mit den buddhistisch lebenden Mönchen in Tibet.
[40] EffM (1980); S. 119

Wissen die Problematik der fehlenden Vergleichsmöglichkeiten in Form von Kontrollgruppen.[41] Feyerabend sieht die Wissenschaft als eine Tradition von vielen möglichen und fordert eine Gleichstellung mit anderen Traditionen durch die freie Wahlmöglichkeit der Bürger. Traditionen sind immer nur relativ zu den jeweiligen Wünschen und Erfahrungen der Menschen zu bewerten und haben niemals Absolutheitsanspruch – die Einführung einer einzigen gültigen Tradition zerstört damit das Anrecht auf Freiheit. Durch seinen Zweifel an den aktuellen methodischen Standards kommt Feyerabend zu dem Schluss, dass sich die Struktur in unserer modernen Gesellschaft ändern muss. Die Gewalt über die Demokratie muss wieder in die Hände der Bürger gelangen, denn „Laien können und müssen die Wissenschaft überwachen."[42] Das von ihm vorgeschlagene, adäquate Mittel sind Bürgerinitiativen. Seiner Meinung nach sorgen Bürgerinitiativen „dafür, daß die Teilnehmer die zu lösenden Probleme aus erster Hand nicht nur lesen, sondern auch am eigenen Leibe erfahren. Es sind unvorhersehsagbare, prinzipienlose, ‚antizipierende' [...] Entschlüsse dieser Art, die die soziale Wirklichkeit und die Rolle der Vernunft in einer freien Gesellschaft lenken."[43] Die Autorität des Bürgers und damit die Freiheit der Demokratie ist zugegen immer höher zu bewerten als die Frage nach der Wahrheit. „Von einer Demokratie erwartet man eine menschliche Behandlung des Gegners, selbst wenn dies die Siegchancen vermindern sollte."[44] Die Annahme der Urteilungsfähigkeiten von „Laien"[45] wird praktisch schon zumindest in Ansätzen beispielsweise im amerikanischen oder spanischen Rechtssystem durchgesetzt: Im Geschworenenverfahren sind die Geschworenen, die keine Juristen, sondern vielmehr *normale Bürger* sind, in die Urteilsfindung eingebunden. „Es [das Gesetz] nimmt dabei an, daß auch Fachleute nur Menschen sind, daß sie Irrtümer begehen, daß sie ihre Unsicherheit verdecken und daß ihre Fachkenntnisse nicht so unzulänglich sind, wie sie es uns einreden möchten. Es nimmt auch an, daß sich die Laien die nötigen Kenntnisse erwerben und die Irrtümer von Fachleuten aufdecken kann. Diese Annahme wird in jedem Prozeß neu bestätigt."[46]

## 3. Paul Feyerabend und seine Gegenspieler

### a. Popper und Feyerabends Abgrenzung zu seinen Theorien

Sir Karl Raimund Popper[47] gilt als Begründer des kritischen Rationalismus. Sowohl Thomas S. Kuhn als auch Paul Feyerabend waren Schüler des Philosophen mit

---

[41] Vergleiche hierzu auch die aktuelle Debatte zwischen Evolution und Kreationismus.
[42] EffM (1980); S.190
[43] EffM (1980); S. 37
[44] EffM (1980); S.168
[45] EffM (1980); S.190
[46] EffM (1980); S.193
[47] * 28. Juli 1902 in Wien; † 17. September 1994 in London

britischer und österreichischer Abstammung. Beide wanden sich aber im Laufe der Zeit von den Positionen Poppers ab.

Poppers kritischer Rationalismus drückte sich quasi in einer Lebenseinstellung aus. Die Annahme, dass man sich immer irren, das Gegenüber Recht haben und man so gemeinsam die Wahrheit finden kann kennzeichnete sich auch in den Werken Poppers.[48] Aus dieser Hypothese heraus schloss Popper, dass er die Methoden der Induktion beziehungsweise der Verifizierbarkeit hinter sich lassen und sich stattdessen dem Prinzip der Falsifikation zuwenden musste. Er versuchte die allgemein vorhandene Autorität der Kraft der Beobachtung so abzuschwächen und auf diesem Wege zu einer gesicherten Basis zur Findung von Wahrheit zu gelangen. Auf dem Sektor der Gesellschaftswissenschaften sind die Annahmen von Popper allerdings stark umstritten.[49] Feyerabend galt als Schüler Poppers anfangs selbst als Vertreter der Strömung des kritischen Rationalismus. Nach und nach löste sich Feyerabend von den Ideen seines Lehrers, indem er sich bewusst machte, dass Neuerungen in der Geschichte der Wissenschaften nur dann geschahen, wenn sich die Beteiligten von gewohnten Mustern trennten und neue Wege beschritten. Wäre die Wissenschaftsgeschichte der Methodik des kritischen *Rationalismus* gefolgt, wären imposante und bedeutende wissenschaftliche Erkenntnisse im Keim erstickt worden. Für den Rationalisten käme nach Feyerabend dementsprechend nur *anything goes* in Frage.

Auf logischer Ebene kritisierte Popper die Ansichten des logischen Empirismus. Die Methodik des logischen Empirismus als naturalistischer Vertreter für die Naturwissenschaften bestand daraus, durch Induktion (mit großer Wahrscheinlichkeit) auf gesicherte und generell gültige Gesetze schließen zu können. Mit dieser von einem Großteil der Forscher vertretenen Meinung (u.a. Aristoteles) konnte Popper nicht einhergehen: Nach Popper ist es allein aus formallogischen Gründen nicht möglich aus einer einzelnen Gegebenheit ein allgemein gültiges Gesetz abzuleiten.[50] Der Umkehrschluss ist aber dennoch möglich: Allgemeine Sätze können durch Einzelfälle negiert werden.[51] Genauso wenig ist es nach Popper möglich aus Einmaligkeiten Wahrscheinlichkeiten abzuleiten.

---

[48] Alles Leben ist Problemlösen und Auf der Suche nach einer besseren Welt
[49] In diesem Zusammenhang ist der Positivismusstreit zu nennen. Vergleiche dazu: Theodor W. Adorno u. a.: Der Positivismusstreit in der deutschen Soziologie. 6. Aufl., Luchterhand, Darmstadt/Neuwied 1978; sowie Deutscher Taschenbuch Verlag, Frankfurt am Main 1993, ISBN 3423046201
[50] Das Induktionsproblem wurde in der Geschichte der Philosophie allerdings nicht nur von Popper diskutiert: Auch Hume oder Kant beschäftigten sich ausführlich mit diesem Problem.
[51] Ein Beispiel ist die fiktiv aufgestellte These „Es gibt keine schwarzen Schwäne". Findet sich auf der Welt nun nur ein einzelner schwarzen Schwan, ist die These widerlegt. Umgekehrt ist dies aber nicht möglich: A

Poppers Idee ist es, dass abstrakte Theorien (Basissätze) frei aufgestellt werden können und dann im späteren Verlauf durch praktische Experimente falsifiziert oder verifiziert werden. Popper nutzt für sein Prinzip die Regeln der Evolution – denn nach diesem bekannten Prinzip setzen sich Theorien durch oder verschwinden. Auf diese Weise bleiben die Theorien bestehen, die sich durch Experimente bewahrheiten lassen – also ein gesichertes Fundament besitzen. Dementsprechend entsteht die Forderung an die Wissenschaft, den Versuch zu unternehmen, die eigenen Theorien zu widerlegen (Experimentum crucis) und so der Wahrheit unter weiterer Beachtung möglicher Fehlschlüsse Stück für Stück näher zu kommen. Dieses Prinzip der Beharrlichkeit[52] findet Feyerabend „vernünftig, weil Theorien entwicklungsfähig seien und verbessert werden könnten, weil Prüfsätze fehlbar seien, und weil Hilfshypothesen (oder Hilfswissenschaften) problematisch sein könnten. Durch Modifikation und Weiterentwicklung könne eine Theorie so verbessert werden, daß frühere Probleme gelöst werden. Experimentelle Fehler seien möglich, und es nehme Zeit, einheitliche experimentelle Resultate zu bekommen."[53]

### b. Kuhn und Feyerabend: Revolution und Entwicklung

Thomas Samuel Kuhn[54] zählt zu den einflussreichsten Wissenschaftsphilosophen der Neuzeit. „Das Werk, daß das größte Aufsehen erregte und weitreichende Wirkungen und Diskussionen auch über den Kreis der Wissenschaftsphilosophen hinaus hervorrief, ist Thomas S. Kuhns *The Structure of Scientific Revolutions*[55] [...] von 1962. Kuhn [...] hatte ursprünglich theoretische Physik studiert. Später interessierte er sich für wissenschaftsgeschichtliche Problemstellungen, und in Verbindung mit diesen Untersuchungen begann er sich mit der Wissenschaftsphilosophie zu beschäftigen."[56] Kuhn war der Meinung, dass das dominierende Bild der Wissenschaften fehlerhaft sei und Korrektur benötige. Es würden genau die Entwicklungen im historischen Rückblick verdreht, die maßgeblich zu den größten Erfolgen der Wissenschaft zählen.

Kuhn erhob größten Einspruch gegen die kumulative Auffassung von Wissenschaft. Der gängigen Meinung nach wurde die historische Entwicklung der Wissenschaft als immer

---

findet beispielsweise 100.000 weiße Schwäne und folgert daraus, dass alle Schwäne weiß sind. Wie soll das bewiesen werden? Dafür müsste man zur gleichen Zeit an allen Orten des gesamten Universums sein.
[52] Vgl. Andersson, Gunnar: Kritik und Wissenschaftsgeschichte: Kuhns, Lakatos' und Feyerabends Kritik des Kritischen Rationalismus. Die Einheit der Geisteswissenschaften; Band 54. Tübingen, 1988. S. 82 (Fußnote 47)
[53] Andersson, Gunnar: Kritik und Wissenschaftsgeschichte: Kuhns, Lakatos' und Feyerabends Kritik des Kritischen Rationalismus. Die Einheit der Geisteswissenschaften; Band 54. Tübingen, 1988. S. 82
[54] Kuhn wurde am 18. Juli 1922 in Cincinnati geboren und starb am 17. Juni 996 in Cambridge.
[55] The Structure of Scientific Revolutions (dt. Die Struktur wissenschaftlicher Revolutionen (ISBN 3518276255)), Chicago 1962, 2. erw. Ausg. 1970
[56] Riis Flor, Jan: Thomas S. Kuhn: Entwicklung durch Revolution. In: Philosophie im 20. Jahrhundert. Wissenschaftstheorie und Analytische Philosophie. Hrsg. v. Anton Hügli und Poul Lübcke. Hamburg, 1996. S. 500

größer werdende Anhäufung von Wissen und Erkenntnisse gesehen – also als eine stets positiv verlaufendes, sich weiterentwickelndes Phänomen. „Die Wissenschaft sei keine kontinuierliche Anhäufung von Tatsachen bzw. immer allgemeineren Theorien gewesen, die sich nach ‚dem' wissenschaftlichen Durchbruch eingestellt hätten. Vielmehr hätten die wissenschaftlichen Disziplinen sich diskontinuierlich aufgrund einer Reihe größerer oder kleiner Revolutionen entwickelt."[57] Die von Kuhn beschriebenen Revolutionen sind als richtiggehenden Bruch mit alten Traditionen und in diesem Zusammenhang als zukunftsweisend zu definieren. „Ähnlich wie die verschiedenen Arten von Lebewesen voneinander abstammen, ‚entstammt' eine wissenschaftliche Revolution der Forschung der vorausgegangenen Periode. [...] Für jedes Glied in dieser Entwicklungskette lässt sich nachweisen, daß und wie es aus dem vorherigen entstanden ist. Dagegen ist es nicht möglich, mit Sicherheit vorauszusagen, wie ein Glied ein neues wird hervorbringen können, sofern man sich selbst in diesem Glied (d.h. in dieser Entwicklungsphase) befindet."[58] Bei der Unterteilung der Wissenschaften stellt Thomas Kuhn jeweils zwei Begriffsgruppen gegenüber:

(1) Vorparadigmatische Wissenschaft vs. Reife Wissenschaft

(2) Normalwissenschaftliche Forschung vs. Außerordentliche Forschung

Diese Unterteilung wird aufgrund der Kürze sowie der Übersichtlichkeit unten graphisch dargestellt.

---

[57] Riis Flor, Jan: Thomas S. Kuhn: Entwicklung durch Revolution. In: Philosophie im 20. Jahrhundert. Wissenschaftstheorie und Analytische Philosophie. Hrsg. v. Anton Hügli und Poul Lübcke. Hamburg, 1996. S. 501
[58] Riis Flor, Jan: Thomas S. Kuhn: Entwicklung durch Revolution. In: Philosophie im 20. Jahrhundert. Wissenschaftstheorie und Analytische Philosophie. Hrsg. v. Anton Hügli und Poul Lübcke. Hamburg, 1996. S.501

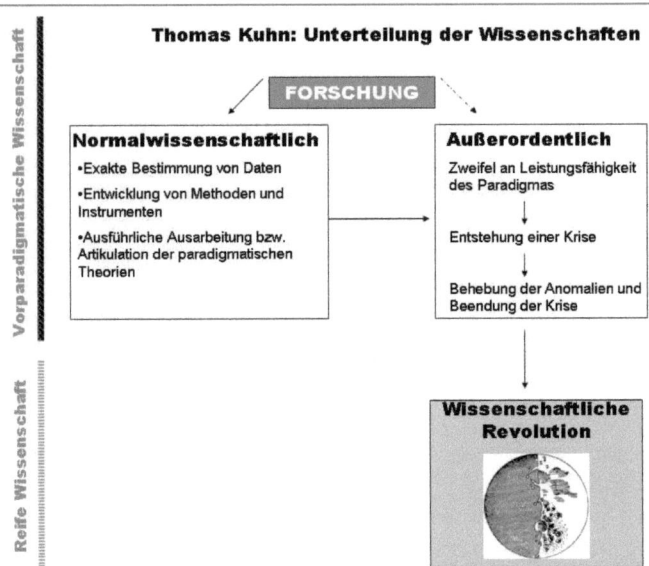

„Feyerabend findet Kuhns Darstellungen zweideutig und fragt, ob es sich um methodologische Vorschriften oder um wissenschaftsgeschichtliche Beschreibungen handele. Wolle Kuhn Anweisungen und Empfehlungen geben, wie der Wissenschaftler vorzugehen habe; oder wolle er die Struktur wissenschaftsgeschichtlicher Revolution bloß beschreiben?"[59] Feyerabend kritisiert Kuhns Idee des Rätsellösens als unwissenschaftlich. Stärker greift aber sein zweiter Kritikpunkt: Feyerabend stellt Kuhns Behauptung, dass die „Normalwissenschaft de facto eine notwendige Vorraussetzung für wissenschaftliche Revolutionen sei"[60], in Frage. Nach Feyerabend gebe es nicht die Normalwissenschaft an sich, sondern sei im Laufe der Wissenschaftsgeschichte deutlich erkennbar, dass man von einer „Geschichte konkurrierender Theorien"[61] sprechen könne. Da auch in den Normalwissenschaften ein Theoriepluralismus deutlich erkennbar ist, kann man davon ausgehen, dass Kuhns Theorie schlicht falsch sei. Auch hinsichtlich der Ursache von wissenschaftlichen Revolutionen vertreten Kuhn und Feyerabend unterschiedliche Ansichten. Geht Kuhn von einer einzigen „monolithisch[en]"[62]

---

[59] Andersson, Gunnar: Kritik und Wissenschaftsgeschichte: Kuhns, Lakatos' und Feyerabends Kritik des Kritischen Rationalismus. Die Einheit der Geisteswissenschaften; Band 54. Tübingen, 1988. S.73
[60] Andersson, Gunnar: Kritik und Wissenschaftsgeschichte: Kuhns, Lakatos' und Feyerabends Kritik des Kritischen Rationalismus. Die Einheit der Geisteswissenschaften; Band 54. Tübingen, 1988. S.73
[61] Andersson, Gunnar: Kritik und Wissenschaftsgeschichte: Kuhns, Lakatos' und Feyerabends Kritik des Kritischen Rationalismus. Die Einheit der Geisteswissenschaften; Band 54. Tübingen, 1988. S.74
[62] Andersson, Gunnar: Kritik und Wissenschaftsgeschichte: Kuhns, Lakatos' und Feyerabends Kritik des Kritischen Rationalismus. Die Einheit der Geisteswissenschaften; Band 54. Tübingen, 1988. S.74 (Fußnote 12)

Normalwissenschaft aus, die sich nur durch eine ausgelöste Krise zu außerordentlichen Forschung und damit verbunden Theoriepluralismus weiterentwickeln kann, kritisiert Feyerabend die logische Schlüssigkeit dieses Arguments, da seiner Meinung nach „Krisen erst durch konkurrierende Theorien ausgelöst würden"[63] und entzieht Kuhns Argumentation damit den Boden.

### c. Lakatos und das Dilemma der Forschungsprogramme

Imre Lakatos war ein Wissenschaftstheoretiker, Mathematiker und Physiker des 20. Jahrhunderts.[64] Der jüdische Geist mit einer bewegten Biographie[65] war in seinem Denken und Wirken innerhalb seiner mathematischen Beweistheorie stark von Hegel und Marx beeinflusst. Im Bereich der Wissenschaftstheorie versuchte Lakatos zwischen Karl Popper und Thomas Kuhns Positionen *zu vermitteln*. Lakatos stellt Wissenschaftler überdies weitaus rationaler dar, als es Popper und vor allem Feyerabend getan haben. Lakatos weigerte sich, der Annahme zu folgen, dass eine Theorie im Gesamten in sich zusammenfällt beziehungsweise aufgegeben werden muss, wenn sie zum Beispiel mittels Experimenten falsifiziert werden kann. Diese falsche Annahme bezeichnete er als *naiven Falsifikationismus*. Lakatos Kritik gründete dabei zum einen auf der Annahme, dass ein Wechselspiel zwischen Theorie und Praxis in Form von Beobachtungen besteht. Aus diesem Grund können Daten niemals nur aus Beobachtungen bestehen. So liegt kein ausreichender Grund vor, eine Theorie nur aufgrund von der Theorie widersprechenden Experimentergebnissen zu verwerfen. Stattdessen sollte sich die Divergenz der Aussagen der verschiedenen Faktoren wie der Theorie, der (ausgewerteten) Daten sowie der Ceteris-paribus-Klausel bewusst gemacht werden. So lässt sich folgern, dass bei den verschiedenen, möglichen fehlerhaften Faktoren es nicht unbedingt die Theorie ist, die verworfen werden muss.

Nach Lakatos existiert niemals nur die bloße Beobachtung. Anders als bei der Theorie des *methodologischen Falsifikationismus* Poppers gibt es viele unterschiedliche Theorien, die nebeneinander existent sind und im Laufe der Wissenschaftsgeschichte aufeinander aufbaue beziehungsweise sich in einem Wettstreit befinden. Entsteht eine neue Theorie sollte diese den alten sowohl auf empirische wie auch auf epistemologischer Ebene hinsichtlich ihres Gehaltes überlegen sein. Als Eigenschaften einer gänzlich neuen Theorie benennt Lakatos *positive Heuristik*, also die (Aussicht auf) neu gewonnene Erkenntnis wie auch *negative Heuristik*, die unveränderbare Grundannahmen bezeichnet, die niemals verworfen werden dürfen. Dieses Modell der

---

[63] Andersson, Gunnar: Kritik und Wissenschaftsgeschichte: Kuhns, Lakatos' und Feyerabends Kritik des Kritischen Rationalismus. Die Einheit der Geisteswissenschaften; Band 54. Tübingen, 1988. S.74
[64] Geboren wurde Lakatos am 9. November 1922 in Ungarn. Er starb am 2. Februar 1974 in London.
[65] Aus Angst vor einer Verfolgung wegen seiner jüdischen Herkunft, musste Lakatos, der als Imre Lipschitz geboren war, seinen Namen während des Zweiten Weltkrieges in Imre Molnár und später in Irme Lakatos umändern. Später wurde er wegen Revisionismus inhaftiert.

Wissenschaftstheorie nennt Lakatos Falsifikationismus[66] – Bezug nehmend auf Poppers *methodologischen Falsifikationismus.*

Ähnlich wie der von Thomas Kuhn eingeführte Paradigmen-Begriff geht Lakatos mit seinem Begriff des *Forschungsprogramms*[67] davon aus, dass Theorien nur als Teilmenge komplexer Systeme auftreten können und nur aus diesem Blickwinkel heraus betrachtet werden können. Eine Vergleichbarkeit innerhalb der verschiedenen *Forschungsprogramme* besteht dabei durchaus. Der Fortschritt der Wissenschaft ist keine ständige Angleichung an die Wahrheit an sich, sondern ein sich stufenweise verschiebender und verbesserter Umgang mit mannigfaltigen Problematiken.

„Feyerabend bezweifelt, dass es vernünftig sei, degenerative Forschungsprogramme zu eliminieren, wie Lakatos in seiner Methodologie wissenschaftlicher Forschungsprogramme empfiehlt. Als Kritik des naiven methodologischen Falsifikationismus führt Lakatos an, dass falsifizierte Theorien sich entwickeln könnten, weshalb es unklug sei, sie zu eliminieren."[68] Feyerabend wirft Lakatos Inkonsistenz seiner Theorie vor. Schließlich besteht auch bei Forschungsprogrammen ferner die Möglichkeit, dass sie trotz anfänglicher Degeneration sich weiterentwickeln können, wie es Lakatos Meinung nach bei den Theorien ja durchaus denkbar ist. Lakatos geht auf in späteren Werken auf Feyerabends Vorwurf ein[69] und gibt sein Eliminationskriterium in Bezug auf die *Forschungsprogramme* gänzlich auf.[70] Diese Änderungen seiner Theorien führt für Feyerabend zu einem Ziel: Wissenschaftlicher Anarchismus. „Der Wissenschaftler könne ein degeneriertes Forschungsprogramm empfehlen. Da Lakatos aber keine methodologische Empfehlungen aussprechen will, ist es völlig berechtigt, das Gegenteil zu tun."[71] Lakatos, der so unfreiwillig eine anarchistische Position eingenommen hat, wird nun von Feyerabend vor ein fast ausswegsloses Dilemma gestellt: „Entweder ist die Methodologie wissenschaftlicher Forschungsprogramme eine

---

[66] In der Forschung wird allerdings umstritten, ob es sich bei Lakatos Modell um Falsifikationismus auf wissenschaftstheoretischer Ebene handelt. Lakatos selbst geht auf diesen Punkt insofern ein, als das er seine ‚Variante' als raffinierten Falsifikationismus bezeichnet. Er interpretiert damit seine Theorie wie Kuhn auf einer historisch-evolutionären Ebene: Neue Theorien setzten sich in ihrem ‚Kampf ums Überleben durch' und falsifizieren quasi rückwirkend die Alten, die sich als nicht haltbar erkennbar gemacht haben.

[67] Vgl. Irme Lakatos, Falsifikation und die Methodologie wissenschaftlicher Forschungsprogramme S.413-463

[68] Andersson, Gunnar: Kritik und Wissenschaftsgeschichte: Kuhns, Lakatos' und Feyerabends Kritik des Kritischen Rationalismus. Die Einheit der Geisteswissenschaften; Band 54. Tübingen, 1988. S. 79

[69] Feyerabend stand mit diesem Vorwurf nicht alleine dar. Auch Herbert Feigl kritisierte Lakatos Theorem und bezeichnete ihn als einen „Induktivsten auf Metaebene", Vgl. dazu Andersson, Gunnar: Kritik und Wissenschaftsgeschichte: Kuhns, Lakatos' und Feyerabends Kritik des Kritischen Rationalismus. Die Einheit der Geisteswissenschaften; Band 54. Tübingen, 1988. S. 78

[70] Vgl. hierzu Andersson, Gunnar: Kritik und Wissenschaftsgeschichte: Kuhns, Lakatos' und Feyerabends Kritik des Kritischen Rationalismus. Die Einheit der Geisteswissenschaften; Band 54. Tübingen, 1988. S. 78 (Fußnote 30)

[71] Andersson, Gunnar: Kritik und Wissenschaftsgeschichte: Kuhns, Lakatos' und Feyerabends Kritik des Kritischen Rationalismus. Die Einheit der Geisteswissenschaften; Band 54. Tübingen, 1988. S.79

normative Methodologie, welche die Forschungspraxis lenkt, oder sie ist ein Ausdruck von erkenntnistheoretischen Anarchismus."[72]

## 4. Exkurs: Bewertung der (Rolle der) Sprache

Paul Feyerabend gehört sicher zu einem der meist kritisierten und am wenigsten ernst genommenen Denker der Neuzeit. Was neben provokativ, fast satirisch überzogenen Inhalten bei Paul Feyerabends Werk *Erkenntnis für freie Menschen* vor allem ins Auge springt, ist die besondere, im Vergleich zu anderen philosophischen Abhandlungen Verwendung von Sprache.[73] Während im übrigen Wissenschaftsjargon ein hohes Maß an Sachlichkeit und ein Hang zur Verwendung von Fremdwörtern, Anglizismen und sonstigen, vom eigentlichen Sinn ablenkenden Verfremdungen Usus ist, gibt sich Feyerabend betont umgangssprachlich. Zitate wie „der Umstand, daß einige Intellektuelle geistige Blähungen haben, bedeutet nicht, daß alle Menschen an solchen Blähungen leiden."[74] lassen eher an dörfliche Stammtische erinnern als an die auf Basis der Vernunft[75] formulierten Forderungen eines – trotz allem – anerkannten Denkers. Feyerabend verwendet in seinem Text einen sehr einfachen und damit auch der breiten Öffentlichkeit zugänglichen Schreibstil. Er verzichtet auf komplizierte Satzkonstrukte und unbekannte Fremdwörter, die die meisten anderen philosophischen Abhandlungen schnell zu *schwerer Kost* machen und bedient sich einer leicht zu verstehenden Grammatik. Seine Thesen werden belegt durch zahlreiche Beispiele mit der Intention den Text – leider zu Lasten der Übersichtlichkeit – für den Leser anschaulicher zu gestalten. Die dem üblichen Gebrauch von Sprache in wissenschaftlichen Texten abtrünnigen Formulierungen wirken zum Teil sehr polemisch – so bezeichnet Feyerabend Philosophen als „Denkbeamte und Begriffsverwalter"[76], die sich in Hörsälen, Büros, Philosophiekonferenzen, Laboratorien und beim wissenschaftlich-philosophischen Kaffeeklatsch begegnen."[77] Bei einer solchen Verwendung von Sprache – besonders im Bezug auf Feyerabends Kritik an den Wissenschaften – werfen sehr schnell die Frage nach der Intention Feyerabends auf. Kann man hier von einem sprachlichen Mangel sprechen oder ist die Sprache ein bewusst eingesetztes Mittel, um sich von der Menge der Wissenschaftler abzuheben? Diese Frage kann nur spekulativ

---

[72] Vgl. hierzu Andersson, Gunnar: Kritik und Wissenschaftsgeschichte: Kuhns, Lakatos' und Feyerabends Kritik des Kritischen Rationalismus. Die Einheit der Geisteswissenschaften; Band 54. Tübingen, 1988. S. 79

[73] Vgl dazu Döring, Eberhard: Paul K. Feyerabend zur Einführung. Hamburg, 1998. S. 11

[74] EffM (1980); S. 14

[75] Denn auch wenn Feyerabend – was bei seinen Forderungen auch sehr nahe liegend ist – vielmals verachtet und verlacht wurde, so hat er es doch so weit gebracht, daß seine Werke verlegt und seine Ideen diskutiert wurden. Einem *Feld-, Wald- und Wiesenphilosophen* – um dem Sprachstil Feyerabends treu zu bleiben – würde dies nicht passieren.

[76] EffM (1980); S. 157

[77] EffM (1980); S.157f

beantwortet werden. Dennoch liegt die Vermutung nahe, dass Feyerabend bewusst auf eine faktische und emotionslose Wissenschaftssprache verzichtet, um seine Theorien zu untermauern und zusätzlich den Bürger, der sich nicht im Kreise der Wissenschaftlichkeit bewegt, anzusprechen. Feyerabend verlässt auf diesem Wege die Traditionen, dass Wissenschaft allein schon auf sprachlicher Ebene nur einem elitären Kreis zugänglich ist und schafft dementsprechend einen neuen Weg, Wissensabhandlungen zu formulieren. Kritisch beäugt werden sollte diese Methodik dennoch hinsichtlich zwei Faktoren: Zum einen steht Feyerabend mit seinen umgangssprachlichen Formulierungen vor dem Problem von der Wissenschaftsgesellschaft, die er revolutionieren möchte, nicht ernst genommen zu werden. Zum zweiten – und dieser Faktor korreliert mit dem ersten – sollte Kritik so verfasst werden, dass der Adressat beziehungsweise die Adressaten die Kritik auch verstehen oder annehmen werden. Will Feyerabend die Wissenschaftler erreichen und so den Wissenschaftsbetrieb ändern, hätte er sein Werk sicher besser im bekannten Wissenschaftsjargon verfasst.

Sicher wäre es für eine Umwälzung bestehender Traditionen auch von Nutzen gewesen, eine neue Begrifflichkeit für Wissenschaft beziehungsweise für den Erwerb und die Weitergabe von Wissen zu formulieren. Bedingungen, die diese neue Begrifflichkeit enthalten beziehungsweise ausmachen sollte, wären meiner Meinung nach:

- eine gewisse Interdisziplinarität in einem stärker ausgedehnten Sinne als üblich (beispielsweise sollten nichtwissenschaftliche Disziplinen mit einbezogen werden)
- die Einbindung von (wissenschaftlichen) Traditionen,
- ein weniger elitärer Dunstkreis,
- sowie die Anerkennung von Wissenschaften – auch ohne universitäre Ausbildung (Homöopathie).

### 5. Zusammenfassende Kritik und Ausblick

Paul Feyerabend vertritt einen sehr gewagten Standpunkt: Die Wissenschaften als Institution sollen Macht einbüssen und durch Bürgerinitiativen kontrolliert werden. Diese Forderung stößt nur wenig auf Verständnis aus seinen eigenen Reihen. Aber nicht nur der Wissenschaftler findet sicher Kritikpunkte an Feyerabends Theorie, auch der Laie empfindet beim Lesen dieser Lektüre sicher nicht nur Begeisterung. Beschäftigt sich der Leser – ob Wissenschaftler oder Laie – eingehend und kritisch mit Feyerabends Theorien, so können schnell Inkonsistenzen erkannt werden. Wo liegt die eigentliche Kritik Feyerabends? Stört ihm vor allem, dass Wissenschaft nur dann Wissenschaft ist, wenn sie den Weg über die Universitäten nimmt und der Laie so niemals Zugang zu den Wissenschaften haben wird? Kann man hier vielleicht sogar von persönlichem Neid als

Motiv sprechen – schließlich wurde Feyerabend Zeit seines Lebens kaum ernst genommen.[78] Er grenzt selber ein, dass es im Laufe der Wissenschaftsgeschichte viele Beispiele nichtuniversitärer, aber dennoch wissenschaftlich anerkannter Revolutionen gab. Diese Beispiele benutzt er als Argument für die Forderung nach einer weniger elitären Idee von Wissenschaft – kann das Argument nicht ebenso im Gegenteil verwendet werden, um zu zeigen, dass Wissenschaft sich nicht immer im Dunstkreis der Universitäten abspielen muss, um anerkannt zu sein? Oder kritisiert er vor allem die Unfehlbarkeit des Kollektivs der Wissenschaften? Scheint es nicht so, daß Feyerabend sich zeitweise so sehr in seinen Hass auf die Wissenschaften verrennt und so nur noch von einer Emotionsgeladenen Subjektivität geleitet wird, daß er eine objektive Kritik vollkommen aus dem Blick verliert? Wie kommt Feyerabend zu dem Schluss, dass sich die Wissenschaft für dogmatisch hält? Gibt es nicht so viele Beispiele die zeigen, dass ganze Theorien immer wieder verworfen wurden? Sind seine Forderungen nicht eher eine naive Utopie? Feyerabend kritisiert das gesamte System – aber wo findet der Leser konkrete Handlungsanweisungen für ein besseres Gesellschaftssystem außerhalb der Bürgerinitiative, die sicher wichtig aber nicht das einzige Mittel zur Lenkung eines Staates ist. Ist eine Bürgerinitiative in ihrem Aufbau wirklich soviel besser? Werden hier nicht auch die Meinungen einiger weniger vertreten anstatt eine gesamte Gesellschaft widerzuspiegeln? Ist dies überhaupt möglich? Wo sind die Grenzen seiner Theorie? Er spricht dem Bürger das absolute Recht zu, Ideen zu verbreiten und Verbände jeglicher Art zu gründen? Welche Handlungsanweisungen sieht Feyerabend vor, wenn eben dieser Bürger damit das Recht und die Person anderer einschränkt oder diskriminiert?

Zu kritisieren ist sicher auch Feyerabends Methode, die Wissenschaften als Ganzes darzustellen. Sicher gibt es innerhalb des Wissenschaftskanons einige Meinungen, die allgemeinen Zuspruch finden. Dennoch ist es übereilt und wenig durchdacht *DIE WISSENSCHAFT* in personifizierter Form zu vereinheitlichen. Ein gutes, wenn auch sehr umstrittenes Beispiel liefert der kreationistische Denkansatz. Auch wenn der Großteil der Wissenschaftler diese Theorie als unglaubwürdig und überholt sieht, gibt es dennoch durchaus studierte Wissenschaftler, die die Idee befürworten. In diesem Zusammenhang kann man Feyerabend vorwerfen, dass er an seinen eigenen Vorwurf scheitert. Er wirft den Wissenschaften vor, die Traditionen nicht mit einzubeziehen, indem er aber künstlich ein Kollektiv schafft, übergeht er selber die verschiedenen Entwicklungen innerhalb der Wissenschaften.

Sicher sollte die Rolle der Wissenschaften in der Gesellschaft kritisch hinterfragt werden. Eine zu stark rationalisierte Gesellschaft birgt gewiss nicht nur Vorteile, sondern lässt andere, auf weniger wissenschaftlichem Fundament stehende Aspekte aus und kann

---

[78] Vgl. EffM (1980); S.157

deshalb nicht als ideal bezeichnet werden. Dennoch wird auch diese Entwicklung als Teil der heutigen Tradition bezeichnet werden können und entspricht demnach mehr einer gegenwärtigen Entwicklung als einer dauerhaft verankerten Gesellschaftsform. Wie sich die Wissenschaften und deren Stellenwert innerhalb der Gesellschaft weiterentwickeln werden, bleibt bloße Hypothese. Die gegenwärtige Entwicklung im amerikanischen Raum zu einer Loslösung vom bloßen Intellekt zu einem mehr auf Religion und Gottesglauben fußenden Umgang mit Wissen zeigt jedoch, wie schnell solche Tendenzen ins Wanken geraten und Änderungen unterlegen sind.

Ich habe versucht, in dieser Hausarbeit Paul Feyerabend und seine Idee von einer freien Gesellschaft genauer darzustellen und kritisch zu beleuchten. Die Fülle an Informationen, Thesen und Kritiken habe ich leider aus Gründen des knappen, vorgeschriebenen Raums oft nur skizzenhaft beleuchten können. So bietet sich die Möglichkeit in anderen Arbeiten weiter auf die Thesen von Paul Feyerabend einzugehen. Besonders interessant finde ich in diesem Zusammenhang auch eine genaue und intensive Sprachanalyse. So schließe ich diese Arbeit mit den Worten Francesco de Sanctis (Über die Wissenschaft und das Leben):

"Ist Erkennen wirklich Können?
Ist die Wissenschaft das Leben, ist sie das ganze Leben? Kann sie dem Verderben und der Auflösung Einhalt gebieten?"

# 6. Quellenverzeichnis

## a. Literaturverzeichnis

📖 Feyerabend, Paul: Erkenntnis für freie Menschen. Frankfurt am Main, 1980.

In den Fußnoten wird diese Ausgabe mit *EffM (1980)* abgekürzt.

📖 Andersson, Gunnar: Kritik und Wissenschaftsgeschichte: Kuhns, Lakatos' und Feyerabends Kritik des Kritischen Rationalismus. Die Einheit der Geisteswissenschaften; Band 54. Tübingen, 1988.

📖 Döring, Eberhard: Paul K. Feyerabend zur Einführung. Hamburg, 1998.

📖 Riis Flor, Jan: Thomas S. Kuhn: Entwicklung durch Revolution. In: Philosophie im 20. Jahrhundert. Wissenschaftstheorie und Analytische Philosophie. Hrsg. v. Anton Hügli und Poul Lübcke. Hamburg, 1996. S. 499-513

📖 Heuermann, Hartmut: Wissenschaftskritik: Konzepte, Positionen, Probleme. Tübingen, 2000.

📖 Sukopp, Dr. Thomas: Anything goes? – Paul K. Feyerabend als Elefant im Popperschen Porzellanladen. In: Aufklärung und Kritik. Hrsg. von Gesellschaft für kritische Philosophie Nürnberg. Nürnberg, 2007. S.124-138

**Anmerkung:**
Der Bündigkeit und Einfachheit wegen wird die hier verwendete Ausgabe des Werks *Erkenntnis für freie Menschen* in den Fußnoten mit *EffM* abgekürzt.

## b. Abbildungen

📖

📖

📖

📖 S. 14 http://www.enc.hu/1enciklopedia/fogalmi/filoz/thomas_kuhn.jpg (Zugriff: 20.07.2008, 22.10MEZ)

📖

📖 6      http://upload.wikimedia.org/wikipedia/de/0/0d/Induktive_Vorgehensweise.svg (Zugriff: 17.07.2008, 14.12MEZ)

**Anmerkung:**
Die Abbildungen ohne Quellenangabe wurden von mir eigenhändig erstellt.